PIÈCES

POLITIQUES.

⌇⌇⌇⌇⌇⌇⌇⌇⌇⌇⌇⌇

PRIX, 30 CENTIMES.

PARIS,

Chez CORRÉARD, libraire, Palais-Royal, galerie de bois.

———

16 mai 1820.

PIÈCES

POLITIQUES.

Dᴇᴘᴜɪꜱ que les lois d'exception ont ordonné à la nation d'avoir confiance dans les actes du ministère, la nation est plus inquiète que jamais; et les ministres qui, malgré les naïves apologies qu'ils ont faites de leur caractère, n'ont pas pu parvenir à s'en imposer à eux-mêmes, n'ont pas manqué d'agir, dans la conviction que les sentimens de la France, à leur égard, étaient tout autre chose que de la confiance. Ainsi, tout en parlant sans cesse d'une immense majorité nationale qui approuvait leur conduite, c'est contre l'immense majorité qu'ils se sont armés, et contre laquelle nous voyons chaque jour qu'ils prennent de nouvelles précautions.

S'ils avaient cru, comme ils nous l'ont assuré au milieu de leurs nombreuses inconséquences, qu'un petit nombre de factieux seulement menaçât l'ordre public, ils auraient pensé aussi que les lois ordinaires, déjà si puissantes, mais renforcées encore de l'assentiment général, pouvaient suffire pour les atteindre, et ils n'auraient pas demandé que la nation toute entière fût placée sous le coup de l'arbitraire : ils l'ont fait ; c'est donc contre la majorité de la nation que les ministres ont voulu s'armer.

C'est contre la majorité des lecteurs et des écrivains politiques qu'ils ont imaginé la censure.

C'est contre la majorité des électeurs qu'ils dirigent le nouveau projet de loi sur les élections.

C'est contre la majorité des intérêts que cette loi est encore dirigée; puisque la propriété foncière y est comptée pour tout, et que la propriété industrielle, qui comprend un si grand nombre d'intérêts, y est comptée pour rien.

Je prouverai encore, par le fait suivant, que la majorité de l'armée ne doit pas s'attendre à être traitée plus favorablement.

Depuis long-temps le service des postes de police et celui des patrouilles était fait à Paris par les légions départementales ; mais depuis que le ministère jouit d'une confiance *légale*, il ne se confie plus en rien, et la majorité de l'armée lui est devenue aussi suspecte que toutes les autres majorités : les postes donc ont été, en grande partie, retirés aux légions pour être remis à la gendarmerie, et le service des patrouilles de nuit est maintenant confié à la cavalerie de la garde royale, qui, d'après un usage généralement reçu, n'avait été appelée jusqu'à ce jour à aucun service de police. Mais les circonstances où nous sommes ne sont plus des circonstances ordinaires; l'autorité a pensé, peut-être, qu'attendu le système de confiance, Paris devait être considéré comme une place en état de siége ; et de même qu'un général habile, en pareil cas, fait un choix de ses troupes pour garder les postes les plus importans, ainsi les ministres auront-ils cru devoir faire. Mais toujours est-il que cette mesure , quelque sage qu'elle puisse être d'ailleurs , est un signe de défiance contre la majorité de l'armée qui se compose des légions.

S'il est vrai, pourtant, comme ses actes l'annoncent , que le ministère se voie en opposition avec toutes les majorités *réelles;* comment peut-il avoir la prétention de se maintenir ? que peut-il espérer ? je n'en sais rien ; et il me semble que je dirais plutôt ce qu'il doit craindre. Mais d'un autre côté, ce qu'il doit craindre, suivant moi, me paraît si clair que, lorsque je le vois agir comme s'il ne s'en doutait pas, je me sens tenté de penser que je suis abusé ; car je n'ai pas la prétention d'abord de me croire plus clairvoyant que nos ministres ; et ensuite, il ne me paraît pas possible que ce qui se présente à mes yeux si naturellement, si ce n'était point une chimère , pût échapper aux leurs, quand ils ont tant d'intérêt à connaître la vérité. Et pourtant la terre tourne, s'écriait Galilée, presqu'en achevant sa rétractation ! et pourtant, dirai-je , peut-être avec plus de certitude que n'en pouvait avoir Galilée , et pourtant, les ministres doivent craindre ! ... Mais attendons, attendons, le temps en décidera.

CHAQUE jour qui s'écoule justifie les craintes que les amis sincères de la liberté selon les lois avaient conçues sur le système suivi par le ministère. Chaque jour confirme les prédictions dont le pouvoir aveuglé par une orgueilleuse imprévoyance, n'a daigné faire aucun cas ; et chaque jour il doit sentir de plus en plus combien sont onéreuses les conditions auxquelles la faction aristocratique a bien voulu s'allier avec lui. On ne sait pas jusqu'où vont les prétentions exagérées de cette caste qui n'a jamais assez de richesses d'honneur et de distinctions. Si les ultra dévorés du désir de commander pour recouvrer les avantages dont ils se croient injustement dépouillés par la révolution, font semblant de transiger avec le pouvoir existant, ce n'est que pour le chasser de son poste ; s'ils feignent de se réunir à lui, cen'est que pour le détruire plus sûrement lorsque le moment propice sera venu. Le ministère, en se mettant à la suite d'une faction implacable, n'a pas mieux entendu ses intérêts qu'il n'a compris les vrais intérêts de la France , et il est aisé de prévoir que du moment où les ultra se croiront assez forts pour n'avoir plus de ménagemens à garder, c'est-à-dire que lorsqu'une loi tout olygarchique aménera nécessairement une chambre tout olygarchique, il est aisé de prévoir, dis-je, que les hommes qui travaillent aujourd'hui de concert avec eux au renversement des institutions *libérales,* seront écartés avec dédain comme on rejette un instrument dont on n'a plus besoin. Déjà les successeurs des ministres actuels sont clairement désignés ; peut-être sont-ils déjà à la tête des affaires en attendant leur nomination officielle que des raisons particulières font différer ; je ne serais pas éloigné de le croire d'après la marche des affaires, et d'après la conduite des ministres.

Le brillant M. Pasquier , cet orateur disert, qui pour

faire preuve d'un grand talent a choisi la cause de *l'arbi-traire* ; lui qui a fait des tableaux si séduisans des cachots et des prisons d'état , lui qui a si bien prouvé qu'il n'était point nécessaire de revenir à l'ancien régime pour rétablir les lettres de cachet , et qu'on pouvait parfaitement les concilier avec le texte et l'esprit de la charte ; eh bien , cet orateur sublime , cet homme d'état profond garde depuis long-temps un silence dont on a droit de s'étonner. A peine a-t-il essayé de faire quelques phrases dans la mémorable séance où la chambre à ordonné le renvoi de la pétition de l'honorable conseiller de Nîmes. Peut-être réserve-t-il toute son éloquence pour foudroyer les adversaires de la nouvelle loi d'élection. Cependant je ne sais si M. le ministre des affaires étrangères se défierait de ses moyens oratoires ; je ne sais si on lui ferait l'injure de douter de la confiance qu'il inspire , mais on dit que ce sera M. de Serre qui arrive tout exprès de Nice, pour couvrir de son bouclier cette loi dont la faiblesse demande les secours les plus efficaces. Si M. le garde-des-sceaux sort avec avantage de cette discussion, on pourra dire de lui qu'il est également fort pour soutenir le pour et le contre , talent remarquable qui a manqué à Démosthène chez les Grecs et à Cicéron chez les Romains , exemple rare que M. de Serre était réservé à donner au dix-neuvième siècle.

Quant à M. le comte Siméon , il paraît avoir entière-ment perdu la mémoire. Il ne se rappelle plus ce qu'il a dit ou ce qu'il a fait pendant vingt cinq années , et il est, je crois, le seul qui ne s'étonne point de sa conduite actuelle. Il faut lui pardonner ; et de même qu'il n'est pas donné à tout le monde de conserver une santé robuste dans un âge avancé, il appartient à un petit nombre d'hommes de ne rien perdre de cette fermeté d'esprit et de cette vigueur de caractère qu'on ne possède guère après un certain nombre d'années. Je pourrais citer néanmoins d'honorables exceptions, et je pourrais nommer tel noble pair et tel digne député qui ne se sont jamais départis de leurs généreux sentimens, dont le patriotisme semble s'accroître avec l'âge, semblables à ces chênes majestueux que la foudre a frappés, mais que les vents mutinés n'ont pu faire plier ni rompre.

En rendant justice à la loyauté de M. le duc de Richelieu, on ne peut s'empêcher de reconnaître qu'il se trouve dans une position singulière. Président du conseil des ministres sans avoir de portefeuille, il participe aux délibérations et a voix prépondérante lorsque le cas y échoit, et cependant il ne signe rien, et par conséquent il n'est responsable de rien. Je ne sais pas jusqu'à quel point cela est constitutionnel ; mais, sans discuter cette question, toujours est-il vrai qu'on ne se douterait point que M. de Richelieu fût premier ministre, s'il n'avait émis cette fameuse circulaire qui paraissait destinée à dissiper les inquiétudes que d'autres *circulaires* émanées d'un autre *pouvoir* avaient répandües dans plusieurs départemens du royaume, quoique le noble duc affectât de répéter que ces inquiétudes étaient de fabrique *libérale*. Quoi qu'il en soit, depuis ce temps M. de Richelieu n'a pas jugé convenable de haranguer la nation, soit à la tribune nationale, soit par la voie des lieutenans généraux, des procureurs généraux, etc.

M. Roy, placé depuis six mois sur le théâtre ministériel, a fort bien saisi l'esprit de son rôle de financier. Il ne se pique point de montrer de l'esprit ou de la gentillesse, comme ses honorables collègues. Il ne perd point de temps à broder de jolies phrases ; l'analyse de tous ses discours peut se réduire à ceci : j'ai dépensé l'argent que vous m'aviez donné, par conséquent il faut que vous m'en donniez d'autre. Il fut un temps, à la vérité, où M. Roy prêchait l'économie, où il prétendait qu'il fallait rogner ou supprimer des dépenses inutiles ; mais alors, il était assis sur les banquettes des députés, et non sur le banc des ministres. Il faut que ce banc-là renferme une vertu secrète, une puissance invisible, un charme occulte, qui modifie ou change entièrement la façon de penser de la plupart de ceux qui ont le bonheur ou le malheur de s'y asseoir.

Il serait bien à désirer que le banc dont je viens de parler, eût la vertu de communiquer un peu de facilité pour s'exprimer à ceux qui ont le malheur de n'être pas nés orateurs ; afin que M. le baron Portal, par exemple, pût au moins parler *une fois l'an*, comme c'est le devoir de tout ministre. Alors il pourrait au moins défendre son budjet, et répondre à ceux qui l'accusent d'impéritie, ou de mauvaise gestion ; et il leur prouverait que, si notre marine est la plus pauvre de l'Europe, ce n'est point à lui seulement qu'il faut s'en prendre, et que le mal vient de traités ruineux dont il n'est pas responsable. Au reste, malgré toutes les apparences qui s'élèvent contre lui, je suis persuadé que, dans le fond de son cœur, M. Portal est *libéral*. Issu d'une famille plébéienne et protestante, parvenu à la fortune par son industrie, nommé à la chambre des députés par les *libéraux*, je ne pense point qu'il ait renié totalement les doctrines constitutionnelles. On dit qu'il est extrêmement soucieux depuis la retraite de M. Decazes, on dit même qu'il a offert sa démission qu'on a refusée et qu'il n'y a pas de sa faute s'il est encore ministre. D'ailleurs, que ce soit M. Portal ou tout autre, qui dans ce moment occupe l'hôtel du ministère de la marine, peu importe au salut de la France. Cela ne peut guère intéresser que quelques convives fidèles qui ont l'habitude d'aller dîner à la rue Royale.

S'il y a eu peu de changemens dans l'administration de la justice, des finances et de la marine, on en remarque beaucoup au ministère de la guerre. M. le marquis de Latour-Maubourg ne sera pas accusé de rester oisif, surtout il paraît fort jaloux de ne point suivre les erremens de son prédécesseur, et je ne sais si c'est par orgueil ou par modestie. Les *impatiens* qui, par une ingratitude noire, accusent les ministres qui les ont si bien servis, ne reprochent rien au noble marquis, ils le vantent au contraire; aurait-il eu le malheur de mériter leurs louanges ? Il n'est plus permis d'en douter d'après quelques actes marqués au coin de l'ultracisme le plus pur. Déjà les épurations ont commencé et plusieurs généraux coupables d'avoir vaincu les phalanges étrangères sont remplacés par des officiers obscurs malgré leur haute naissance, mais qui ont eu le bonheur de porter les armes contre leur pays. Cependant M. de Latour-Maubourg a aussi servi dans nos bandes révolutionnaires, il y a acquis de la gloire et une jambe de bois, mais je n'attaque point sa bravoure, je blâme seulement son administration, ce qui, dans un état libre, est permis à tout citoyen.

On demande si le ministère actuel restera long-temps au poste qu'il occupe. Il n'est pas douteux que lorsque les lois seront réformées d'après les vues des hommes monarchiques, on n'en vienne tout naturellement à réformer les agens du pouvoir dont les antécédens ne garantissent point l'inviolable fidélité aux dogmes monarchiques. Déjà les organes du parti crient hautement qu'il ne suffit point d'avoir des *lois*, et qu'il faut des *hommes*. Ils vous disent qu'il faut sauter au 4 septembre, si l'on veut sauver la monarchie. Les ministres auraient-ils l'imprudence de faire le saut périlleux ? Hélas ! ils en seraient les premières victimes. Mais ils ne seraient pas à plaindre, puisqu'ils ont méprisé tous les avertissemens salutaires que leur avaient donnés les défenseurs de nos libertés constitutionnelles.

Lisbonne, 20 avril 1820.

.... Notre malheureux pays se trouve maintenant à peu près dans la même position où l'avait placé la domination espagnole, lorsque tous les Portugais réunirent leurs efforts pour reconquérir leur indépendance en replaçant sur le trône le duc de Bragance, héritier légitime des souverains de Portugal.

Les déplorables effets que produisit alors la domination étrangère sont reproduits aujourd'hui par l'éloignement de notre roi. Les causes sont différentes, mais les résultats sont les mêmes. Dépouillés de notre indépendance et devenus les sujets d'un royaume lointain, gouvernées par des subdélégués dont la négligence ne peut qu'augmenter en raison de l'éloignement du monarque, privés des secours et des améliorations qu'il pourrait fournir et opérer s'il se trouvait sur les lieux, n'occupant plus parmi les nations le rang auquel nous donnait droit la gloire de nos ancêtres, et condamnés à voir périr inutilement entre nos mains les moyens par lesquels ils l'ont acquise, et par lesquels nous pourrions la perpétuer : tels nous étions lorsque Philippe III régnait sur le Portugal, en vertu d'une usurpation, tels nous sommes aujourd'hui que notre souverain, par des motifs particuliers, ou par les conseils de certains nobles Portugais, a transporté dans le nouveau Monde le siège de son empire.

Sur la fin de la domination de Philippe III, tous les yeux se tournèrent sur le duc de Bragance, prince du sang royal et légitime héritier de la couronne, pour faire cesser les maux de la patrie. Un plan aussi hardi qu'ingénieux fut combiné et reçut son exécution, dans le temps même où les Espagnols occupaient les places fortes du royaume; et, quoique plusieurs nobles Portugais fussent unis d'intérêts avec la monarchie espagnole, quoique plusieurs d'entr'eux eussent contracté des liaisons particulières avec Philippe III; quoique le monarque, contre la domination duquel s'ourdissait cette trame, résidât à une très-petite distance de Lisbonne, et pût disposer encore de forces militaires considérables, vingt-cinq ans de guerre ne firent qu'affermir sur le trône la maison de Bragance, et rendre plus brillante la gloire Portugaise.

Depuis cet événement, les ducs de la maison de Cadaval sont devenus *de droit et de fait* les premiers princes du sang et les légitimes et immédiats héritiers au trône portugais, au défaut de descendans de la maison de Bragance.

Le dernier duc de Cadaval est mort au Brésil, où il avait accompagné la famille royale, il a laissé deux fils et une fille. L'aîné de ces enfans, duc actuel de Cadaval, le second, marquis de Ferreira, à la fleur de leur âge, se font remarquer par l'élégance et les grâces de leurs manières, la culture de leur esprit, et la solidité de leur caractère, avantages qu'ils doivent aux soins de leur mère. Française de nation et sœur du duc de L***, elle s'est trouvée placée dans une position qui lui a fait apprécier à leur juste valeur les ressources qu'on ne tient que du hasard, et celles que l'on peut tirer de soi-même. Elle a vu son époux souffrir tous les maux de l'émigration, et périr dans l'exil loin de sa patrie, après avoir été long-temps réduit à de très-faibles moyens d'existence.

Ces leçons de l'expérience n'ont pas été perdues pour cette excellente mère, et elle a fait son premier devoir de l'éducation de ses enfans.

La duchesse et ses enfans étaient fixés au Brésil; mais', quand le duc de L*** fut choisi par le gouvernement français en 1816, pour remplir à Rio-Janeiro les fonctions d'ambassadeur, à son retour, il ramena avec lui sa sœur et ses enfans qu'il laissa à Lisbonne. Après la maison de Cadaval celle de Lafoens est la première : elle descend de l'un des frères bâtards du roi Jean V : le dernier duc de ce nom avait épousé la sœur du marquis de M***, celui qui, depuis bien des années, habite Paris, où il a été quelque temps ambassadeur de la cour de Brésil.

Dé la famille de Lafoens, il ne reste maintenant que deux filles, dont l'aînée à l'héritage des priviléges, droits et considérations de sa maison, réunira probablement un jour ceux de la maison de M***, puisqu'il paraît que son oncle de ce nom a renoncé au projet de se marier.

Le marquis de M*** avait eu, dit-on, l'intention d'épouser l'aînée de ses nièces, mais ce projet a disparu depuis que des espérances plus brillantes se sont présentées. On pense généralement ici, que, quelque temps avant que le duc de L*** partît pour le Brésil, le marquis de M***, considérant la triste situation de sa patrie, depuis que la maison de Bragance s'est définitivement fixée au Brésil, proposa le mariage de ses deux nièces Lafoens aux deux neveux du duc de L***, seuls représentans de la famille de Cadaval. Il a été convenu que l'aîné des Cadaval épouserait la fille cadette de Lafoens, et que le cadet de Cadaval épouserait l'aînée des Lafoens, cet arrangement vient de recevoir son exécution, dans ce qui regarde la duchesse de Lafoens : ce sera donc, ainsi qu'on le voit, la cadette de

Lafoens qui sera duchesse de Cadaval, comme le cadet de Cadaval est déjà duc de Lafoens.

Cette réunion, par des alliances, des droits héréditaires des deux premières familles de Portugal, place la maison de Cadaval dans une position où elle jouit d'autant d'influence, de considération et de puissance qu'en avait la maison de Bragance sous Philippe III, lorsque pour rendre aux Portugais leur indépendance on plaça sur le trône le chef de la famille qui régna sous le nom de Jean IV.

Aussi a-t-on remarqué que dernièrement, lors du mariage de la duchesse de Lafoens, tous les personnages de distinctions portugais, qui se trouvaient à Lisbonne, accompagnèrent son cortège quoiqu'ils n'y eussent pas été invités.

Ce mariage excita l'attention publique, l'immense réunion des habitans de Lisbonne se porta sur le passage de la voiture des nouveaux époux, et leur témoigna tout l'intérêt qu'elle leur portait, démonstrations auxquelles les époux répondirent par les saluts les plus affables.

Si donc, d'un côté, l'éloignement de notre souverain a placé notre malheureuse patrie dans une situation pareille à celle où elle se trouvait sous Philippe III, d'un autre côté, les droits des deux maisons de Lafoens et de Cadaval et les mariages qui viennent de les réunir, placent la maison de Cadaval dans la position où était alors la maison de Bragance.

Ces différentes combinaisons et cette similitude de situation occupent beaucoup les esprits.

Philippe III voyait avec peine le séjour du duc de Bragance en Portugal, après lui en avoir accordé la permission, et le fameux comte duc Olivarès fit tout son possible pour l'en faire sortir. Le duc de Bragance s'en excusa long-temps sous différens prétextes, et à la dernière extrémité, les ordres pour son retour étant devenus plus pressans, et les raisons de l'éloigner étant épuisées, son secrétaire Pinto Ribeiro hâta l'exécution du plan qu'il avait conçu et dont il avait fourni les moyens.

Le roi de Brésil a permis le retour en Portugal du duc de Cadaval, qui maintenant, dit-on, pressé de repartir pour le Brésil, donne aussi différens prétextes pour s'en dispenser, comme la nécessité de rebâtir son palais pour la célébration de son mariage, après lequel il a promis de s'embarquer sur le *St. Sébastien* qui l'attend depuis long-temps pour le conduire à Rio-Janeiro.

Le désir que manifeste le marquis de M * * * de rester en France, l'appui qu'il cherche à se créer dans certain parti, le faste qu'il étale à Paris, le refus formel qu'il ferait de retourner au Brésil si on l'exigeait de lui, l'éloignement qu'il témoigne pour communiquer avec certains de ses compatriotes, sont des moyens adroits, fort propres à augmenter son influence; influence que sans doute il saura faire valoir lorsqu'il pensera qu'il en sera temps.

On le dit intimement lié avec M. de F * * * l'un des secrétaires de la régence de Portugal. On croit que ce dernier est ici le premier moteur du projet dont je vous parle, projet dont l'opinion et le bruit public paraissent appuyer la réussite.

On va jusqu'à dire qu'il a stipulé avec de solides garanties des conditions avantageuses et brillantes, qui le mettraient à même de jouer le rôle que joua dans le tems Pinto Ribeiro.

On ne doute pas que l'objet du voyage récent et précipité du marquis de Beresford au Brésil, ne soit de faire connaître au roi les combinaisons qui ont été faites et les résultats qu'on en doit attendre.

Je vous promets de vous tenir au courant de tout ce que je pourrai apprendre sur tout céci. Vous pouvez voir, comme moi, d'après ces données qu'il se trame quelque grand projet, et si cela est vrai, que de nombreuses chances de réussite se montrent en sa faveur.....

IMPRIMERIE DE MADAME JEUNEHOMME-CRÉMIÈRE,
RUE HAUTEFEUILLE, n° 20.